BEN FOLDS FIVE

and Selections from Naked Baby Photos

ISBN 0-7935-9752-8

HAL•LEONARD®
CORPORATION
7777 W. BLUEMOUND RD. P.O. BOX 13819 MILWAUKEE, WI 53213

Visit Hal Leonard Online at
www.halleonard.com

Ben Folds Five

and Selections from Naked Baby Photos

Jackson Cannery

Words and Music by Ben Folds

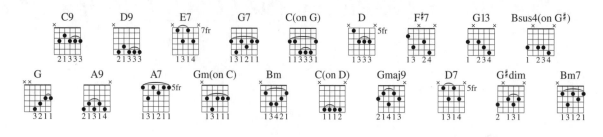

in this fac - to - ry

It's four in the morn - ing, moth - er don't know __ that I'm go - ing far a - way She's whis - per - ing to __

the moon __ I hope __ he don't __ join __ you soon Ba - by boss __ climbs

Big broth-er got the keys____ and I got Jack-son Can-ner-y   Big broth-er got the keys____ and I got Jack-son Can-ner-y

Philosophy

Words and Music by Ben Folds

feet on the__ ground, and I trust__ it like__ the ground__   And that's why my phil-o-

-soph-y,   it keeps me   walk-ing when I'm fall - ing___ down
walk-ing when I'm fall - ing___ down

I see that there__ is e - vil   and I know that there__ is good,___   and the
take this all__ for grant - ed,   you take the mor-tar, block__and glass,   and you for-

14

And I dragged you up the stairs and I told you to fly__ You were flap__ -ping your arms,__ you start-ed to cry you were too__ high, no, too high__

You may

D.S.2.

Julianne

Words and Music by Ben Folds

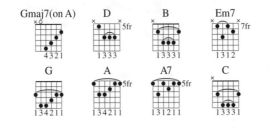

Where's Summer B. ?

Words and Music by Ben Folds and Darren Jessee

26

32

Alice Childress

Words and Music by Ben Folds and Anna Goodman

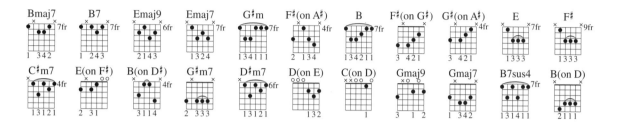

An - y more,   no ___ not   an - y - more   Hmm ___

1x only

39

Underground

Words and Music by Ben Folds

46

Oh we can ____ oh we can, ____ oh we can ____ be

oh we can ____ be

51

Sports & Wine

Words and Music by Ben Folds

sports ——— and wine, ——— no no.
sports ——— and wine, no no, no.

The girls don't un-der-stand ___ it,

What you think ___ is art ___ My, oh my, we're all ___ im-pressed ___ how

sen - si - tive you are Ev - ery - bod - y's talk - ing 'bout ___ you, now ___

You know _____ it's true, _____

Be - cause it al - ways has ___ been sports ___ and wine ___ for

you _____

So you ask me how I think I know ___
(Ah ___

Tu, tu, tu, tu, tu, tu, _____)

The girls don't un - der - stand _____ it,
(do, do, do,

an - y - thing _____ you say _____ I _____ don't un - der - stand _____
do, do, do, do,

Uncle Walter

Words and Music by Ben Folds

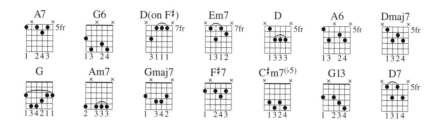

And he sees the children smok- -ter?

Best Imitation of Myself

Words and Music by Ben Folds

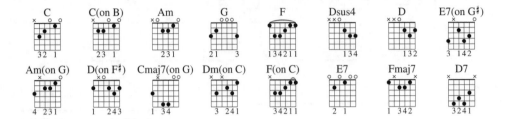

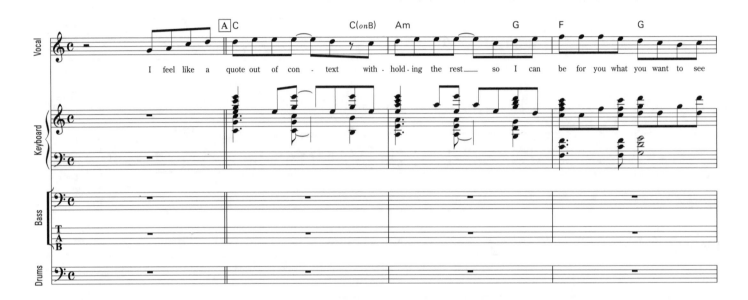

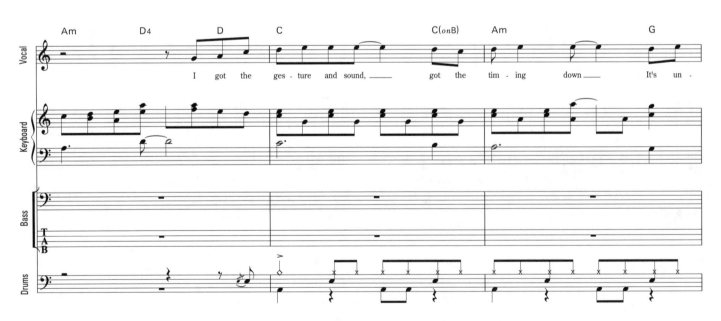

Video

Words and Music by Ben Folds

Bar - ren   stares   as   they light ___
Clos - ing   in   on   the pain ___

___   up   the   screen   bear - ing   tear - drops   that   shat - ter   in   slow   mo - tion   No -
___   and   the   tor - ture,   he's   slam - ming   the   door ___   like   it's   some - thing   to   strive   for

vo - caine ___   our   ___   brains ___   and   we're   out   like   lights
The   girl ___   tear - ing   cur - tains   down   looks   funny   as   hell

Well, I've _____ seen _____ some old friends sort of die _____ or just

Turn a - round _____ turn the vol - ume down ___ We're count - ing the days _____

D.S.

Coda

here

The Last Polka

Words and Music by Ben Folds and Anna Goodman

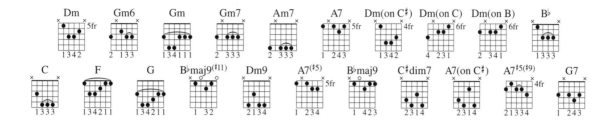

Well, she crept back in the house at half past three,

Shook her head to see him snor - ing in his sleep

90

She said, "You've been push-ing me like I was a sore

102

Boxing

Words and Music by Ben Folds

good... Has box-ing been good... Has box-ing been

good?

Tom and Mary

Words and Music by Ben Folds

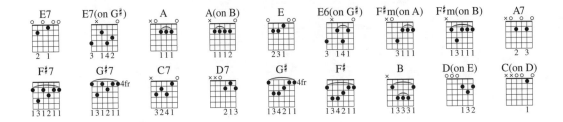

For the

119

let   the truth__ be known.__

Eddie Walker

Words and Music by Ben Folds

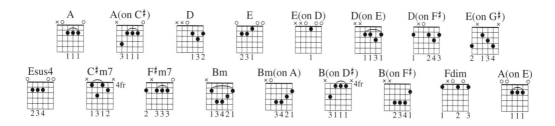

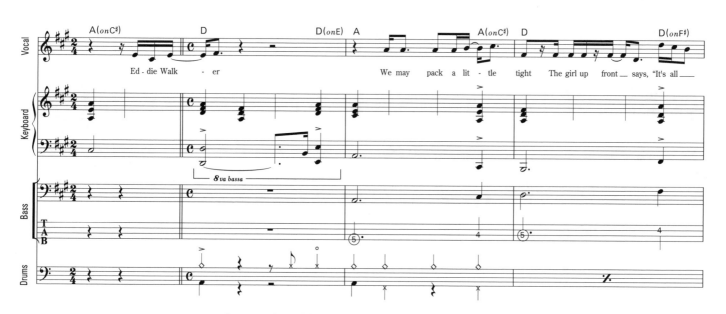

123

124

Emaline

Words and Music by Ben Folds

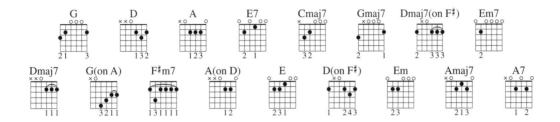

Don't let me walk a-way from E-ma-

138

Bad Idea

Words and Music by Ben Folds, Robert Sledge and Darren Jessee

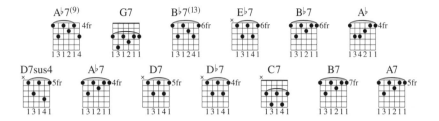

140

Vocal:
I don't wan - na, I don't wan - na

You

make me feel____ make me feel,____ make me feel re - tard - ed

re- tard- ed